Nº 4 *1910* 35 cmes

Le Pays Vosgien et ses Habitants

Origines — Evolutions — Descriptions, prises aux sources, des Lieux jusqu'ici inétudiés.

1. GRANGES

Par C.-D. et G. PETITJEAN.

Rives de la Vologne à Genazeville. (Cliché Paul ANCEL)

Avec tes monts géants, ta campagne fleurie,
Tes bois silencieux ; telle ô belle Patrie,
Que tu nous plais ! Nous y trouvons
La suave aubépine, aux neigeuses toisons ;
Un chaud foyer l'hiver quand mugit l'âpre bise ;
De l'ombre en messidor ;
Le ru qui chante et favorise
La paix du cœur avec ses rêves d'or.
Nous y trouvons aussi de la gaîté toujours,
Parfois un peu d'amour.

— 11 Mars 1910. — (Cl. PETITJEAN)

Ouvrage couronné par L'INSTITUT de FRANCE
Académie des Inscriptions et Belles-Lettres
PRIX PROST 1922

Sie S-D. N°4.

Le PAYS VOSGIEN & ses HABITANTS

I _ GRANGES

VII

Us & Coutumes.

Usages bizarres ; – Légendes ; – Traditions – Dictons ;
– Chansons locales (dont plusieurs en patois .)
(Suite)

2) Au même instant, une gerbe de flamme
Vint apporter au Gringeau ahuri
Une compagn' qu'on appela la femme,
Plus tard belle-mère, scie, crampon, panari !
Sans prendr' la peine de passer d'vant le Maire,
S' mirent dans le même lit, partagèrent le même pot ;
Vécurent longtemps et, r'tirés des affaires,
Donnèrent le jour à douze petits Gringeaux.

3) Depuis c' temps-là une ville est sortie :
C'est Granges aux belles qu'elle fut baptisée,

Et l'Créateur toujours la gratifie
De jours heureux et de félicité.
Il lui donna un Maire sympathique,
Et le nomma membre des cent kilos !
Homme de poids, citoyen énergique,
Qui fait le bonheur de tous les Gringeaux,

4) Il a donné une Eglise aux dévotes
Et l'père « la Joie » un vicaire épatant !
Des tribunes pour ... ceux qui n'ont pas de culotte,
Voulant laisser flotter le drapeau blanc.
Le Créateur, entre l'arbre et l'écorce
Glissant son doigt, brouilla le conjungo :
Il fit tomber une pluie de divorces,
Qui sépara Gringeaudes et Gringeaux.

5) Il a donné à l'eau plusieurs fontaines,
Moines, robinets, tuyaux et cœtera,
La lumière vint avec l'acétylène,
Frambéménil avec son syndicat.
Neuf mois après les manœuvres d'automne,
Il fit ouvir des registres nouveaux ;
Tout était plein, il manquait des colonnes
Pour la naissance d'un tas de p'tits Gringeaux,

6) Il repeupla et les bois et la plaine ;
Pour les chasseurs il créa du gibier.
L'Adjoint au Maire en eut les poches pleines :
Sept cent vingt-deux lièvres dans son carnier.
Certain lapin, d'Corcieux ou d' Vichibure,
Vient dans nos champs, aussi gare à sa peau,
L'adjoint chasseur, à la gâchette sûre,
Saura garder tous les choux des Gringeaux.

7) Pour terminer ce qu'il n'avait pu faire,
Le Créateur a promis d'autres dons :
Plus tard Namur reverra ses Rosières,
Frambéménil retrouvera son Pont ;
Et si jamais au loin dans la vallée,
On aperçoit un vol de noirs corbeaux,
Les « Montagnards », unis dans la mêlée,
Sauront mourir pour notre beau Drapeau !

(31 décembre 1898.)

2me — GRANGES — REVUE. (Sur l'Air du Tra la la la.)

I

Habitants du pays,
Et autres lieux voisins,
Écoutez ce récit
De l'année qui prend fin :
Au pays des Gringeaux,
Sont nés quatre jumeaux ;
Si l'on s'remue maintenant,
C'est pour l'arrondissement.

II

Les caf'tiers pour prouver
Que l'alcool n'est pas bon,
Ont toujours refusé
D'boire leurs consommations.
La boisson les rebutte,
Aussi du « Cul-des-Huttes »
Ils vont dans des tuyaux,
Faire am'ner beaucoup d'eau.

III

Au signal du danger,
Les pompiers ont couru ;
Tout danger écarté,
Ils s'en sont revenus.
Pour éteindre la flamme,
(Que personne ne les blâme)
Ils se mettent assis d'ssus
Sans se brûler le ... nez !

IV

Comm' prix d'encouragement,
On leur fera cadeau
De deux pompes prochainement,
Et la commune bientôt,
Avec l'eau des *Heunottes*,
Leur donn'ra deux culottes ;
Un hangar ils auront,
Avec les planches du Pont.

V

Les rues, comme les gens,
Devraient être éclairés ;
Dans les conduites sûrement
Le gaz est enfermé.
Pour en tirer un' flamme,
On fit venir un' sag' femme
Qui trop pressée, s'enfuit,
Nous laissant dans la nuit.

VI

Qu'ils sont heureux les chiens
De *Champdray* ou des *Baumes*,
Pour trois francs (c'est pour rien)
Ils pleurent...et nous embaument ;
Ils déposent dans le centre.
C' qu'ils ont d' trop dans le ventre.
D' vant chez vous nettoyez,
Ou bien c'est un P. V.

VII

Dans l'année écoulée,
Notre viel ami Pierre
Préférait la purée
Et détestait la bière.
Ça ne prouv' pas en somme,
S'il boit d' l'absinthe sans gomme,
Qu' dans le quartier du *Poutreau*
On ne boit rien que de l'eau !

VII

Au lieu d'un député,
Qu'on annonçait oui-dà !
Un astronome est né :
Le temps il prédira.
Le soir à son logis
Il voit, sans verre fumé,
Si l'astre de la nuit
Est vraiment habité.

IX

Pour rester dans l' progrès,
En quittant ce bas monde,
Le Conseil il paraît,
A une idée profonde :
Pour toutes les familles,
Il achèt'ra, sans retard,
L' camion - automobile
En guise de corbillard.

X

Enfin nous attendons
L' comité des promenades,
Pour poser des jalons,
Fabriquer des cascades
Où les petit's rosières,
Soit d'en bas, soit d'en haut,
En ôtant leurs jarretières,
S' mettront le ....pied dans l'eau,

XI

Si la joie abandonne
Le pays, le foyer,
Prenez tous vos trombones
Afin d' nous égayer ;
Remontez la musique
Comme la gymnastique,
Pour le concours prochain
Des gymnastes Vosgiens.

(*31 décembre 1899.*)

3me GRANGES — REVUE.

(Air de : Cadet — ROUSSEL.)

I

Dans ce bon pays des Gringeaux, *(bis)*
Je ne connais rien de nouveau, *(bis)*
Si c' n'est qu' le grand Banquet des Maires
Suivit d' près celui d' chez Popère
Ah ! ah ! oui vraiment !
C'était pas le même restaurant.

II

Le service étant trop chargé,
Le second gard' nous a lâchés ;
Avec des larm's plein la paupière,
Il vient de quitter Pierre et Maire
Ah ! . . .
Le service est bien embêtant.

III

A la messe il fait froid, dit-on ;
A saint' - Barbe il pend des glaçons.
Tout's les vieilles filles n'iront plus guère
Si l'on n' met pas d' calorifère.
Ah ! . . .
On n'a pas si chaud qu'à vingt ans !

IV

A Granges on pense aux orphelins,
Car on en voit sur tous les c'hmins ;
Mais comm' partout ils s'amoncell'nt,
On fait élargir la ruelle.
Ah ! . . .
Tant mieux pour ces pauvres enfants.

V

La Commun' fait de grands travaux,
Afin de trouver beaucoup d'eau ;
Mais il n'en vient pas une seul' goutte,
Et tout le Consil s'en dégoûte.
Ah ! . . .
C'est Bibi qu'a bu le restant.

VI

Un jour qu'il avait tempêté,
Un astronome a annoncé
Que s'il nous tombait de la grêle,
Nous serions tous grelés par elle.
Ah ! . . .
Cet astronome est un savant !

VII

Ce savant demande un' pension ;
S'il offrait — quelle bell' invention —
D'arrêter la grêle assommante
Des gros impôts et des patentes.
Ah ! . . .
Il s' rait Député dans deux ans !

VIII

On va toujours, en attendant,
L'encourager en le nommant
Chef de station - sur sa bonne mine -
A la nouvell' gare des Évelines.
Ah !...
Il arrêt'ra les déraillements.

IX

Tous les fromages du pays
Marchent dans des boîtes aujourd'hui ;
Dans son fait-tout, la cuisinière,
Boit en chiquant, la belle affaire !
Ah !...
La bobonne en fait tout autant.

X

L'hôtel-de-ville est em..bourbé,
Gens et tuyaux sont occupés ;
Le Conseil dit : c'est d' la bêtise
De conserver cett' marchandise.
Ah !...
Ell' serait bien mieux dans nos champs.

XI

Pour ne pas trop s'embarbouiller,
Le Maire a fait tambouriner
Qu' l'homm' qui port'ra Jule sur l'épaule,
Recevra l' mérite agricole.
Ah...
Ce sera la course au ruban.

XII

On n'entend plus, dans le vallon,
Que l' sifflet et l'accordéon ;
Comme ça n'est pas harmonique,
Nous allons r'monter la Musique ;
Ah !...
C'est un art qu'est plein d'agrément.

XIII

Dans le centre, les vieux garçons,
Viv'nt dans le jeûne et l'abstention ;
En papillonnant sur la terre,
L'un d'eux a séduit une bergère
Ah !...
Il vient de naître un p'tit enfant

XIV

Au Poutreau tous les amoureux
S'en vont le soir faire deux à deux,
Au temple de l'Amour, leur prière ;
Y a pas besoin de calorifère.
Ah !...
L'Amour est un charmant enfant.

XV

Des gymnastes Vosgiens le Drapeau
R'viendra au pays des Gringeaux.
Nous saurons toujours le défendre ;
Anglais, Allemands, venez le prendre.
Ah !...
Vous nous verrez tous en avant !

(31 décembre 1900.)

— Ouvrons ici une parenthèse pour rappeler que pendant cette joyeuse soirée, la dernière du siècle, éclatait soudain, un court mais terrible orage foudroyant. Violente agonie d'un long cycle, beau de prodigieux efforts, d'héroïques épreuves, de puissantes

et généreuses conceptions, de grandioses évolutions, pour enfanter :

. . . Une rose au printemps, un sourire au berceau ;
Des frimas à Noël, une larme au tombeau ! . . .

La Trouéne.

En terminant cette rapide revue de notre mélopée montagnarde, nous devons dire un mot de la *Trouéne.*

Cette sorte de potin rimé ne manque pas d'éclore à chaque scandale un peu croustillant. Elle se compose d'une suite de distiques où, après un sommaire mais expressif exposé de l'affaire à stigmatiser ou à ridiculiser, figurent l'un après l'autre tous les habitants du quartier, siége du cancan.

La « trouéne » est tout en patois, ou en patois mélangé de français, selon que les figurants ont l'habitude de l'un ou l'autre parler. Voici un échantillon de ce genre de poésie :

On dit que le vieux Gustin
En pince pour la jeune Kétin.
É l'y é èch'tè in bé manchon,
(Il lui a acheté un beau manchon,)
Dit lè manon, (Dit la manon,)
Que cote tro béie, (Qui coûte cher,)
Dit lè fôme di minéie ; (Dit la femme du meunier ;)
Et avec ça, il n'aura pas tout's ses faveurs,
Dit le coiffeur ;
Mâ cê lâ târé chaud, (Mais ça les tiendra chaud,)
Dit lo meurchaud ! (Dit le maréchal !)

Les rives de la *Vologne,* en face *Genazeville,* le berceau de *GRANGES*. (Cliché PAUL ANCEL)

A la Patrie Vosgienne.

Avec tes monts géants, ta campagne fleurie,
Tes bois silencieux ; telle ô belle Patrie,
Que tu nous plais ! Nous savons y trouver
Du calme pour rêver ;
Un chaud foyer l'hiver quand mugit l'âpre bise ;
De l'ombre en messidor ;
Le ru qui chante et favorise
La paix du cœur avec ses rêves d'or.
Nous y trouvons aussi de la gaîté toujours,
Parfois un peu d'amour.

— 11 Mars 1910. — (Cl. PETITJEAN)

VIII

Instruction — Écoles.

Au point de vue de l'enseignement Granges possède :

Une *École primaire de Garçons*,

Une *École primaire de Filles*,

Ces deux écoles (à 4 classes) reçoivent environ chacune 240 élèves.

Une *École Maternelle*, à deux classes, comptant environ 150 enfants.

Une *École primaire mixte dans* chacune des Sections de : *Berchigranges*, *Évelines* et *Gadémont*, recevant, en moyenne, la 1re 20 élèves, la 2e et la 3me chacune 40.

—

Jusqu'à la Révolution, il n'y avait, pour tout le centre de Granges, qu'une seule École, — qui n'était ouverte que depuis la Toussaint jusqu'à Pâques, — et qui recevait les élèves des deux sexes.

Pour les écarts, et durant la même saison seulement, il y avait *trois* et quelques fois *quatre* maîtres, choisis parmi les personnes les plus lettrées des communautés, et qui se chargeaient, moyennant une très légère rétribution, à la charge des familles, de donner à leur domicile particulier des leçons rudimentaires.

Quant au chauffage du local, il était assuré par la *bûche que chaque enfant apportait lui-même toutes les semaines à l'école*.

Toutes ces classes étaient sous la dépendance et la surveillance directes du prêtre desservant la paroisse, et dont le maître du centre, le *régent d'École,* était avant tout l'humble serviteur.

Comme chantre - marguillier le régent était chargé de tous les *sonnages, de balayer l'Église, de chanter toutes les messes, vêpres et autres offices ; de fournir le pain pour le S^t sacrifice et pour la communion des fidèles,* en un mot d'assister le desservant dans *toutes les fonctions sacerdotales.*

Les extraits ci-dessous de documents authentiques montrent au mieux et d'une façon irréfutable, la physionomie de l'instruction et de l'éducation populaires durant de longs siècles. Ce dosage des alimeents intellectuels paraîtra bien parcimonieux, bien indigent, comparé à toutes les facilités offertes à nos contemporains pour s'instruire, pour développer et enrichir leur bagage des connaissainces usuelles.

—

PÉTITION

« *à Monseigneur l'INTENDANT de LORRAINE et BARROIS (1760.)*

« Remontrent très humblement le s^r vicaire (Ranfaing), les syndic et habitants de la paroisse de Granges,

« Disant que depuis longtemps ils ont eu le dessein de faire bâtir une maison d'École au village de Granges, ou au moins une chambre suffisamment vaste pour y réunir tous les enfants, pour y faire les instructions dans les temps froids ; ils n'ont pu y parvenir en ce que les paroissiens éloignés n'y ont point voulu consentir.

« Cependant il conviendrait fort qu'il y ayt au moius une chambre publique pour y tenir l'école, faute de poële et chambre assez vaste dans le village, et pour les raisons cy - après énoncées :

« 1° Il y a au moins 120 enfans qui pourraient venir à l'école à Granges. Cependant il n'y a pas de chambre au village qui puisse en contenir 70, ce qui est cause que plusieurs habitans n'envoyent point leurs enfans à l'École.

» 2° Les habitans des *Voëds* et des hameaux qui ne sont éloignés que d'un quart de lieue, sont souvent obligés d'avoir à leur compte un maître d'école, qui leur est à charge, étant obligés de payer plus qu'ils ne payeraient au maître d'école de Granges, quoique leurs enfans ne soient pas si bien instruits que ceux de la grande École.

« 3° Le s[r] Vicaire est obligé, pour le bon ordre, *de faire la visite des petites écoles éloignées, pour voir les progrès qu'ils font ;* il a beaucoup de peine de s'acquitter de ce devoir à cause des autres fonctions ; s'il y avait une chambre assez vaste pour y contenir tous les écoliers de toutes les écoles, il les ferait venir une fois la semaine à Granges, pour les instruire luy-même et pour leur donner ses avis.

« 4° En carême l'on fait le catéchisme deux fois la semaine à l'Église, outre le dimanche ; les enfans éloignés sont très souvent mouillés et refroidis par les neiges. On ne peut les retenir longtemps à l'Église. S'il y avait une chambre assez vaste on y ferait les instructions pendant le carême.

« 5° Les dimanches et les fêtes, en hyver comme en été les enfans n'ont aucun lieu pour se retirer depuis la grande messe jusqu'au catéchisme que l'on fait avant les vespres ; ils se retireraient tous tant ceux du lieu que ceux des cantons éloignés, *et le maître d'école de Granges s'y trouverait pour les préparer au catéchisme.*

« 6° Cette chambre servirait pour y tenir les assemblées de la Paroisse.

« Les paroissiens suppliant comme *plus notables* supplient votre Éminence de vouloir ordonner la construction d'une maison d'École à Granges ou au moins une chambre pour y tenir l'École ; elle se ferait à peu de frais, attendu qu'on pourrait la placer et appuyer auprès de la maison de cure,et prieront pour la conservation de votre Grandeur.»

—

MAITRE d'ÉCOLE - MARGUILLIER

(Convention au sujet du dit emploi.)

« Ce jourd'huy, quatrième février mil sept cent quarante huit, convention et marché a été fait entre les chatolliers, sindics, paroissiens et habitans de la paroisse de Granges, et Nicolas Rattaire, présentement maître d'école à Vimênil, *du gré et consentement du sieur Nicolas ROMARY prestre-administrateur de la paroisse et du sieur Claude Demenge, vicaire au dit lieu,* comme s'ensuit, sçavoir que le dit RATTAIRE s'est soumis et obligé de servir de maître d'École et marguillier pendant une année, qui commencera à la Saint-George prochaine et finira à pareil terme icelle expirée.

« Sonnera, le dit Rattaire, langelus le matin, à midy et le soir ; conduira lorloge le mieux qu'il pourra ; sonnera les coups de la messe et des vêpres, après qu'il en aura la permission du dit Sr Romary.

« Les jours ouvriers blanchira les linges de la dite Église et la décorera le plus proprement qu'il pourra.

« Sonnera une cloche seulement *pour les nuées sytôt que le temps menacera de tonnerre et aussi pour la gelée*, dans le temps qu'elle peut estre nuisible aux biens de la terre, à charge que le dit Rattaire sera assisté par quatre paroissiens, comme les années dernières, tant pour le tonnerre que pour la gelée, charge aux dits paroissiens de s'y trouver le plus tôt qu'ils pourront.

« Le dit Rattaire ne pourra s'engager pour aucun paroissien, et à l'égard des revenus et casuels on se conformera à l'ancienneté sçavoir que le dit Rattaire percevra à la St.-Martin prochaine sept Sols par chaque habitan paroissien qui seront cottisables sur les Rôles de la Subvention pour les droits de marguillier.

« Le dit Rattaire enseignera bien et fidèlement les Escoliers qui luy seront envoyés depuis la Toussaint jusqu'à la St. George, charge au dit Rattaire d'avoir un clerc pour servir de second pendant ce temps ; le dit clerc doit être en état et capable d'enseigner les escoliers et faire autres fonctions de maistre d'école, *charge au dit Rattaire de se loger dans une maison convenable pour l'école moyennant la rétribution ordinaire qui est de 18 sols pour ceux qui escrivent et 14 sols pour ceux qui n'escrivent pas, si mieux n'aiment payer par semaine qui sera un sol neuf pour les grands et un sol pour les petits.*

« Au reste on suivra l'ancienneté, soit pour les mortuaires, services anniversaires et autres *casualités*, c'est-à-dire que le dit Rattaire percevra 6 gros, (6 gros qui font 4 sols et 1 liard,) pour chaque messe qu'il chantera, excepté la messe des dimanches et fêtes, 30 sols pour chaque mortuaire, y compris les services et ce qu'il aura sonné ; 10 sols pour les deux messes anniversaires ; un franc pour les mariages y compris la messe, le tout suivant l'ancienneté.

« Ainsi a le tout été conclu, fait et arresté à la pluralité des voix des paroisssiens, après en avoir été avertis au prosne le dimanche précédent, et fourni pour caution Sébastien Rattaire, présentement maistre d'école à Destor, qui est son frère, lequel a signé avec luy et une partie des paroissiens. »

(Suivent 31 signatures, dont celle de F. Georgel, Maire.)

Un traité de 1791 — 43 ans plus tard — ayant pour objet le remplacement, en qualité de Maître d'École, du s^r Agnus par le s^r Greffin, ajoute de nouvelles conditions, entre autres celles-ci :

« . . . . . Le dit s^r Greffin se charge

« de fournir le bois nécessaire au « fourneau de la salle d'École.

« . . . . . Il sera de plus obligé de « recevoir dans le cours de l'été les « enfants qui voudront venir prendre « ses leçons moyennant qu'il lui sera » payé par chacun deux sous par « semaine.

« . . . . . Il est expressément en- « joint au dit maître d'école d'habiter « la maison qui lui est destinée par « la Paroisse et dans le cas où il la « quitterait contre le gré des parois- « siens, ils seraient libres de résilier « son bail ; en outre il remettra entre « les mains du préposé de la paroisse, « un demi louis, pour fournir aux ré- « paratios de la dite maison.

« . . . . Les dits paroissiens seront « tenus d'avertir le dit Greffin trois « mois avant la St. George, en cas « qu'on doit le changer. Il en sera de « même pour lui d'avertir les dittes » municipalités. . . »

(L'approbation de ce traité par le Directoire du département, à la date du 11 mai 1791, réserve que le maître d'école *sera dispensé de sonner les orages, et qu'il sera tenu d'enseigner dans son École le catéchisme de la Constitution.*)

— **Séance du 4 pluviôse an III** —

« L'administration du District de Bruyères déclare confirmer la nomination faite par le Jury d'instruction le 3 pluviôse présente année, (22 janvier 1795,) de la personne du citoyen Sébastien Greffin, pour remplir les fonctions d'Instituteur dans la commune de Granges, en se conformant aux art. 7 & 8 chap. 3 de la loi du 27 brumaire, an III (17 nov. 1794) et aux instructions et régime des Écoles primaires (chap. 4 de la dite loi.)

« Le dit citoyen jouira du salaire fixe par l'article 10. Il recevra dans son école les enfants de la commune d's qu'ils auront atteint l'âge d 6 ans accomplis. Il fera sa résidence en la maison commune, lieu désigné pour la tenue de l'école, et où il est tenu de faire enregistrer le présent avant d'entrer en fonction.

Ont signé : Malbrun, Villiaume, Loye, Georgel, Coudrit. »

(Cet acte a été enregistré à la municipalité de Granges, le surlendemain par J. Demangeat, Agent national de la dite municipalité.)

— Le 21 ventôse an III, est confirmé dans la même forme la nomination, faite la veille, du citoyen J. B. Demangeat, comme *institutrice (?)* dans la commune de Granges.

— ***PÉTITION** d'un **INSTITUTEUR** demandant une indemnité au sujet du loyer de son logement et du local scolaire* :

» Aux Citoyens Jean Lecomte, Maire provisoire de Granges, et au Sous-Préfet de l'arrondissement de St-Dié,

« Expose, Séb. Greffin, Instituteur à Granges, qu'il remplit ses fonctions avec la plus grande exactitude et le zèle le plus ardent, *sans avoir reçu aucun traitement depuis plus de quatre ans*; que la cy-devant administration municipale du canton de Granges n'a pas même voulu lui accorder l'édifice destiné à l'instruction publique, contrairement aux lois et arrêtés; que la dite administration a mis la dite maison à l'enchère publique, et que ce n'a été qu'en payant une somme exorbitante que le pétitionnaire a pu l'obtenir, afin de se trouver près de ses élèves, pour leur donner des instructions sans exiger d'eux qu'une modique rétribution d'un franc par chaque élève par année, selon la coutume et l'usage.

« C'est pourquoi le pétitionnaire Espère de votre justice que vous voudrez bien faire annuler le bail passé entre lui et l'Administration cy devant pour le logement, et le faire dédommager pour les avances qu'il a faites pour la location de trois années expirées, vu que le Gouvernement accorde une certaine somme à ceux qui n'ont pas de maison pour enseigner.

« C'est ce qu'il attend de votre bienveillance.

« Granges, le 27 floréal an 8 (17 mai 1800. Signé : *Greffin.* »

(Sur avis très favorable du Maire et du Sous-Préfet, M. Bizot, — ce dernier reconnaisant que d'après un Arrêté du 6 vendémiaire an 5, ce maître a droit (la population de Granges dépassant un millier d'individus,) à une indemnité de 60 francs par an, à la charge de l'État et non de la commune, — l'administration préfectorale « décide, en attendant les fonds demandés au Ministre de l'Intérieur, qu'il sera payé au citoyen Greffin, par la commune, *mais à titre d'avance à recouvrer par elle*, 60 fr. par an pour chacune des trois années écoulées au 4 floréal dernier. »

—

— **Séance du Conseil Municipal du 27 *Février 1817*.** —

« Le dit Conseil, Considérant « qu'une sœur de la Providence qui « à présent donne des leçons de sa- « gesse, de religion, de bonne con- « duite, au sexe féminin, (*) — l'École « des garçons étant tenue par le sr J. « C. Bastien, instituteur approuvé, — « sans retirer une rétribution suffi- « sante pour son entretien ; que cette « chère sœur est même obligée de « tenir à ses frais un logement, la « Commune n'ayant pas à le lui pro-

(*) Cet essai d'une classe spéciale pour les enfants du sexe féminin fut de courte durée.

« curer ; qu'elle ne peut continuer son « enseignement étant obligée d'enseigner gratuitement les pauvres élèves, et ne retire pas de ses soins « des personnes aisées de quoi fournir à sa dépense ;

« Est d'avis le dit Conseil, de lui « accorder une indemnité de 60 francs « par an, à charge d'enseigner les filles pauvres. » *(Délibération approuvée par le Maître des requêtes, Préfet des Vosges.)*

— Séance du Conseil Municipal; Session de février 1833 :

« ...Le Conseil demande à l'Autorité compétente d'ordonner immédiatement le renvoi et l'expulsion du *Manœuvre D...* Il s'est permis d'établir une École dans un hameau de la commune sans être nanti d'une pièce authentique pour cet objet, constatant sa moralité, sa religion. Malgré les ordres réitérés du Maire, il s'obstine à rester. Vu l'immoralité de sa conduite, son *ivronerie*, homme ne vivant pas avec sa femme. »

École de Garçons.

Le 14 mai 1808, le Conseil municipal ratifiait un acte sous seing privé passé la veille, entre M. Greffin, maire et M. Lemarquis, avocat à la cour, contrôleur principal des Droits réunis de Saint-Dié, et en vertu duquel ce dernier vendait pour 3700 fr. aux deux communes, Granges (1) et Barbey - Seroux, *formant la paroisse de Granges*, l'immeuble où s'élève actuellement, en grande partie, l'Hôtel - de - ville construit en 1877 - 78, comportant les services de la Mairie et trois classes (2) de l'École des Garçons, avec le logement du Directeur.

Les deux communes étaient depuis longtemps « locataires de la maison Lemarquis, avec ses dépendances, droits de fontaine, aisances, le *meix* potager comme il se contient, entouré de murs. »

En 1868, lors de l'acquisition du

(1) Le même jour le Conseil vota l'aliénation de 28 parcelles de terrains communaux estimés 3435 fr., somme destinée à payer la part de Granges dans le prix de cette acquisition. (En réalité cette vente produisit 5799 fr.)

(2) La 4e se tient dans l'ancienne maison d'École près du Pont. (Le 2e poste d'instituteur adjoint fut créé en 1881 et le 3e en 1897.)

Presbytère actuel, la commune de *Barbey-Seroux* céda à celle de *Granges* ses droits de propriété sur l'immeuble en question qui, au début, servait surtout de logements aux prêtres desservants et aux chantres-marguillers. Comme ces derniers étaient d'habitude en même temps maîtres d'École, pour Granges seulement, le conseil municipal de Barbey-Seroux, dès 1836, demanda la vente de cette *maison commune*, dont elle était propriétaire pour 1/6, si le Conseil de Granges *ne consentait pas à faire desservir la Paroisse un jour sur six par l'instituteur de Barbey-Seroux.*

La Commune de Granges n'accepta d'ailleurs ni l'une ni l'autre de ces propositions, « disant qu'il serait impossible, et même inconvenant, de faire desservir la paroisse tous les six jours, comme le demande le Conseil de Barbey-Seroux, par leur instituteur, » et les choses restèrent en l'état ancien.

L'emplacement complet de l'hôtel-de-ville, avec école de Garçons, et dépendances : cour, préau couvert, jardin, privés, buanderie et violon municiqal, comprend la totalité de l'immeuble Lemarquis (9 ares 30 centi.), l'emplacement de l'ancienne maison commune et d'école, qui était aussi indivise entre les deux communes, (90 centiares,) et celui de l'ancienne maison G. Michel (1 are 25 c.) acquise par Granges en 1875; en tout 11 ares 45 c. Le tout figure au cadastre, lieu-dit « Village de Granges, » sous les N°s 1103, 1104, 1105 & 1099, section D.

(Pendant la Révolution, l'ancienne maison commune, moins la salle sise au rez-de-chaussée, « qui prend jour au midy et qui de tout temps a été destinée à l'enseignement des enfans, fut louée à des particuliers au profit des deux communes co-propriétaires, aux prix annuels de 75 livres en 1796, de 100 livres de 1797 à 1800 et de 41 fr. de 1801 à 1804. » Parmi les clauses des baux nous relevons : « l'adjudicataire ne pourra aller dans la cave qui est au-dessous de la dite salle qu'avant et après la tenue des Écoles, afin de ne pas distraire les élèves ; il ne pourra vendre vin ny eau-de-vie, par conséquent tenir cabaret vu que ses appartemens sont au-dessus de la dite salle. »)

Dans sa lettre du 2 mai 1874, M. le Préfet résumait ainsi la situation :

« L'École des garçons et celle des filles sont situées dans le même bâtiment, la première au rez-de-chaussée. Le 1er étage comprend outre la salle des filles, un logement beaucoup trop exigu pour les institutrices. L'instituteur est mal logé dans un bâtiment séparé.

La salle des garçons, divisée en deux classes par une cloison en planches, a une surface de 105 m. c. ; elle ne reçoit jamais moins de 140 élèves, et l'espace manque tellement qu'il n'est guère possible de passer entre les bancs et les tables, qui sont d'ailleurs dans un très mauvais état.

L'École des filles comprend une salle de 94 m. c. pour 150 élèves environ...

La construction d'une nouvelle maison d'école est donc indispensable, d'autant plus que la population de la commune s'accroit sensiblement par suite du développement de l'industrie.

Il serait même utile de profiter de cette construction pour établir une salle d'asile publique.

Le bâtiment actuel est très mal situé et ne peut être agrandi. Il est nécessaire de choisir un emplacement convenable pour reconstruire une maison plus vaste... »

Enfin, en janvier 1875, par une délibéraiton motivée par de pressants rapports et mises en demeure des autorités compétentes « le Conseil municipal déclare « 1° affecter à la « construction d'une maison d'école « pour les Garçons, avec Mairie, « l'ancien presbytère, la Mairie ac- « tuelle et la maison voisine de M. G. « Michel ; 2° consacrer entièrement « la maison d'école actuelle, qui est « spacieuse, (située près du pont et « qui a été construite en 1837,) à l'é- « cole des filles, à l'asile et au loge- « ment des institutrices. »

Il décide en outre de mettre au concours le plan de cette construction entre les architectes MM. Fontaine, de Saint - Dié, Mougenot, d'Épinal et Fachot, de Remiremont, avec conditions « que le plan agréé méritera l'entreprise à son auteur ; que le 2me plan, par ordre de mérite, vaudra à celui qui l'aura fait une gratification de 100 fr., et que le 3me plan ne donnera droit à aucune indemnité. »

M. Fontaine et M. Mougenot n'ayant pas pris part au concours, seuls M. Risler, d'Épinal et M. Fachot présentèrent chacun un projet, et ce fut celui du premier qui fut adopté.

M. Fachot reçut une indemnité de 200 fr. (au lieu de 100) et les remerciments (1) du Conseil municipal,

(1) Toutefois, ce supplément et ces éloges n'apaisèrent pas l'amour propre de M. Fachot, qui fut quelque peu froissé, si l'on en juge par une lettre laissée au dossier, et où il dit :
« ... Dans l'origine la dépense ne devait pas « dépasser 27,000 fr. Ensuite le chiffre ne de- « vait pas excéder 32,000 fr. ; malgré cela on

« pour le soin qu'il a mis à l'étude « des plans demandés et qui sont bien conçus et bien établis. »

Les travaux, estimés à 47,784 fr., furent adjugés le 7 août 1877, moyennant la somme de 44,845 fr. à M. L'Hôte, entrepreneur à Celles.

La réception en eut lieu le 18 mai 1880. Le décompte, se montant à 51,487 fr. avait été arrêté par le Conseil de préfecture, auquel le règlement de ce compte avait été soumis à propos de travaux supplémentaires, qui n'avaient pas été régulièrement commandés, et se montant à 6921 fr.

Pour couvrir une partie de la dépense affectée à la construction de l'HÔTEL-de-VILLE avec ÉCOLE de garçons, il avait été vendu pour 12,000 fr. de terrains communaux, et l'État avait accordé deux subventions se montant à 8,000 francs.

« donne la préférence à un projet s'élevant à « 38,000 francs ! Malgré cela, je n'en veux absolument à personne; je suis trop amoureux « de la liberté pour être mécontent de ceux qui « usent de la leur... »

ÉCOLE DE FILLES et ÉCOLE MATERNELLE.

L'École de filles, créée en 1837, fut d'abord installée dans un bâtiment construit à cette époque à la place d'un hallier, et situé au centre, près du Pont. La dépense pour cette construction s'éleva à près de 7000 fr. et la Commune reçut à ce sujet, de l'État, un secours de mille francs.

C'est dans cet immeuble que se tient encore une classe de l'école de Garçons.

*(La propriété où est bâtie cette ancienne École, ainsi que le sol du chem. de grande com[ou] **N° 31**, le long de cet immeuble, appartenaient aux époux Jacques Marchal, « qui devaient y laisser passer et repasser tous allans pour se rendre au Moulin des Paires. » Pour convertir cette simple servitude d'un passage boueux et peu commode, en un chemin plus large et libre, la commune fit l'acquisition (12 mai 1732) de cette propriété, en échange de celle lui appartenant, et située un peu au-dessous du Pont, à l'endroit exact où s'élève aujourd'hui le Café de la* Vologne.)

L'École de Garçons, comptant à

cette époque 120 élèves, fut installée au rez-de-chaussée, le logement des Maîtres restant dans l'ancienne maison commune, et l'École de filles (115 élèves environ,) fut installée au 1er étage, qui comporta aussi le logement des Maîtresses, qui furent, jusqu'en octobre 1891, des Sœurs de la *congrégation de la Providence de Portieux*.

Les transformations profondes, les progrès saillants, qui forment les étapes de la vie d'une cité, sont, en général, d'une élaboration lente, difficile. C'est ainsi que nous avons vu ici la translation du cimetière en dehors de l'agglomération, et le débouché d'une de nos grandes artères être à l'étude durant plus d'un quart de siècle.

L'édification des Écoles de filles et maternelle n'eut lieu, également, qu'après bien des tâtonnements, des hésitations, des atermoiements.

Dès 1876, à la suite d'une enquête générale sur la situation matérielle des Écoles publiques en France, il fut constaté qu'il y avait, pour Granges, urgence à approprier la maison (près du Pont,) où se tenait encore les deux écoles du centre (de garçons et de filles,) pour ne plus y laisser que cette dernière. [Le projet de construction de l'Hôtel de-ville, avec École de garçons, était près de sa réalisation.] Le Conseil municipal estimait que cette modification coûterait 3000 fr.

Mais les choses restèrent en l'état, car deux lettres des 13 juillet et 8 8 avril 1878, de la supérieure générale des Sœurs de Portieux, demandent avec instance « les réparations promises au local des sœurs institutrices de Granges et à leurs classes. »

Toutefois, le 22 mars 1881, le Conseil municipal approuvait les plans et devis dressés par M. Schuler, et se montant à 15,000 francs « pour mettre la maison d'école des Filles dans un état qui réponde mieux à sa destination ; » mais aucune suite ne fut donnée à ce projet, approuvé par le Préfet le 21 novembre 1881.

L'année suivante, en mai, le même architecte présentait un autre projet qui consistait à construire *dans le voisinage de l'École des garçons*, une nouvelle École de Filles, avec *Salle d'Asile*, et devant coûter 62,000 fr.

Quoique adopté par l'Assemblée municipale le 10 juin 1882, et peu après approuvé par le minstre de l'Instruction publique, à cause d'une subvention de 10,000 fr. allouée par l'État, (1) ce projet, pas plus que le précédent, ne fut mis à exécution.

(1) Par décision ministérielle du 20 février 1883, une subvention supplémentaire de 11,000 fr. fut accordée.

A vrai dire, ils n'étaient réalisables ni l'un ni l'autre : « l'ancienne école est située entre la Vologne et la route de Corcieux, dans l'endroit le plus bruyant de la Commune, et à proximité d'un grand pont, ce qui est dangereux ; elle est longée par un canal d'usine qui cause un bruit tel qu'on ne peut s'entendre en classe. Il n'y a pas d'emplacement ni pour un préau ni pour une cour, » disent des documents officiels joints aux dossiers de cette affaire.

D'autre part, le nouvel emplacement était aussi mal choisi : devant être placée dans les dépendances de l'École de garçons, cette construction eût gêné celle-ci, déjà si à l'étroit, (*) et n'aurait pu avoir lieu qu'en supprimant au préalable — ce qui était une autre difficulté — une partie du cimetière, puisque les privés et les cours de récréation des nouvelles écoles projetées devaient s'y enclaver...

Bref, la situation se dénoua — non sans peine — par la démission collective du Conseil municipal (11 mai 1883.)

Le 24 juin suivant, la nouvelle Municipalité, par une délibération longuement motivée, abandonna le second projet de M. Schuler, et revint à celui de restauration de l'ancienne École, exposant « qu'il y a seulement « six ans, elle servait encore pour « les deux sexes ; qu'elle serait, une « fois remise en état, au moyen du « secours de dix mille fr. de l'État, « exclusivement destinée à l'École « des filles. »

Mais l'administration supérieure s'y opposa formellement, le Préfet, M[r] Bœgner, à trois reprises différentes, en juillet, en septembre et en novembre 1883, mettant en demeure le Conseil municipal d'exécuter le 2e projet « Schuler », ajoutant qu'au- « trement « il interdirait l'*École des « filles existante*, provoquerait l'im- « position d'office (loi du 20 mars « 1883,) à la commune de centimes « additionnels suffisants pour assurer « l'amortissement d'un emprunt à « la Caisse des écoles, égal au déficit « (14714 fr.) restant à combler dans « le montant de la dépense. »

(Entre temps, par plus de dix délibérations prises au cours des années 1883 et 1884, le Conseil s'occupait d'un projet de construction d'une maison d'école de hameau aux *Évelines*, et de la translation du Cimetière entourant l'Église et qui fut interdit par Arrêté préfectoral du 19 janvier 1884.)

Par délibérations du 25 novembre

(*) *Chacun sait que le bâtiment* Hôtel-de-Ville-École *a été, par une aberration malheureuse, élevé, — en l'étranglant, — au beau milieu de la belle voie centrale qui s'étend depuis le Pont, jusqu'à l'entrée de l'Avenue de la Gare...*

1883 et du 13 janvier 1884, l'Assemblée communale repoussait de nouveau le dit projet en ces termes :

« L'emplacement choisi pour l'érec-
« tion de l'École de filles par l'admi-
« nistration précédente est des plus
« mauvais, vu le manque d'espace et
« d'aisances. Enserrée entre l'Eglise
« (dont les sonneries de cloches fré-
« quentes font un bruit insupporta-
« ble,) et l'École de Garçons, elle
« serait cachée par celle-ci et lui
« enlèverait une partie notable de ses
« aisances, déjà trop restreintes. »

D'autre part, le Conseil Général des Vosges, dans sa séance du 22 avril 1884, émettait l'avis qu'il y avait lieu d'imposer d'office à la commune de Granges la construction de l'école de filles (2e projet Schuler.)

Les choses en étaient là, à l'état aigu, quand deux faits nouveaux se produisirent : La mise en vente de « l'immeuble Bontemps » et la nomination de M. Dauzat au poste d'Inspecteur d'Académie dans les Vosges, lequel chef de service daigna venir sur place, et reconnut, sans la moindre hésitation, que le choix de l'emplacement pour édifier l'Ecole projetée, était on ne pouvait plus malencontreux.

Les demandes instantes, réitérées, du Conseil municipal tendant à être autorisé à acquérir la propriété Bontemps et à l'approprier en groupe scolaire, furent — relativement — instruites avec célérité et, sur l'assurance ministérielle — télégramme direct du 21 février 1885, — que le total des deux subventions promises (21,000fr.) serait affecté à la réalisation de ce dernier projet, la Commune acheta (autorisation de M. le Ministre en date du 18 du dit mois,) pour 50,500 fr. le dit immeuble (1) à l'adjudication publique du dit jour 21 février 1885.

Les travaux d'appropriation de la maison Bontemps, (avec une annexe en rez-de-chaussée neuve,) en *École de filles*, à trois classes, (2) et en *École Maternelle* à deux classes, exécutés par M. A. Soudière, entrepreneur à Granges d'après les plans et devis de M. E. Genay architecte à Epinal coûtèrent, y compris 4500 fr. de mobilier pour les salles de classes, la somme de 27,258 fr. plus 1362 fr. d'honoraires à l'architecte.

La subvention de 21,000 fr. de l'État fut encaissée par la commune en octobre 1888.

---

(1) Situé au bas de l'agglomération, en bordure, côté droit, du Ch. de Gr. Com. No 47 — direction d'Aumontzey, — et consistant en « une « vaste maison et magasin à alcool, avec ai- « sances, droit de fontaine et terrain y atte- « nant, le tout d'une contenance de 32 ares 47 c. »

(2) La 4e classe (3e poste d'adjointe,) fut créée pour la rentrée d'octobre 1896.

Pour ses deux projets, non exécutés, M. Schuler reçut 1059 fr. 75 c. d'honoraires.

École Mixte de Berchigranges.

La circonscription scolaire de cette Section s'étend au Sud de la Commune et comprend les hameaux de *Falurgoutte*, du *Haut-du-Pré*, de la *Fontaine-Brochain*, et de *Berchigranges*, et les maisons écartées du *Haut-des-Baumes*, du *Bas-des-Baumes* (celles situées au-dessus du chemin qui contourne le pied de ce massif aux flancs abrupts et rocheux,) des *Goutelles*, du *Pinchesté*, du *Rayau*, (à droite du chemin qui partage ce lieu-dit,) de *Hurlufaing*, du *Raing-des-Chiens*, de *Jenesaipré*, du *Berloqué*, du *Faing-Musquet*, du *Gotel*, du *Pré-Moëlin* et de *Strouéfaing*.

Le 10 août 1869, la Commune faisait l'acquisition : 1° moyennant le prix de 275 fr. sur Levaudel J. B. et les époux Georgel-Levaudel, d'un champ d'environ 21 ares, lieu-dit « Devant-le-Bois » ;

2° moyennant le prix de 450 fr., sur Demangeon J. B. d'une portion de pré de 10 ares, lieu-dit « L'Homme-de-Fer, » N° 2869 section C du cadastre; (ces deux terrains séparés par le chemin vic. ord. N° 6 ;)

3° pour le prix de 100 fr. sur Babel Jean-Marc, une source dans un champ voisin et appartenant à ce dernier.

C'est sur la parcelle cédée par Demangeon que s'élève l'École de *Berchigranges*, à la distance de 250 mètres du chef-lieu de la Section.

Depuis la construction du chemin de Gr. Com^{on} N° 31, de Granges au Tholy (en 1896-97,) cette école est gracieusement enlacée dans une courbe en fer-à-cheval, que forme à cet endroit cette belle et large voie.

Le choix de l'emplacement avait retardé de plusieurs années la construction de l'École. En effet, en 1866, il avait été question d'aménager, moyennant une dépense de 1500 fr une salle de classe dans la maison du nommé Conraud J. D., au « Haut-du-Pré » : 24 chefs de famille avaient signé qu'ils « désiraient » que cette école fût installée dans le dit écart.

Mais le 4 février 1867, quarante autres habitants de la Section, soumettaient au Conseil municipal leurs désidérata en ces termes :

« Nous avons l'honneur de vous faire part du plaisir que nous éprouvons de ce que notre Section va être dotée d'une maison d'École.

« Honneur donc aux administrateurs zélés, amis du bien public, du progrès et qui savent apprécier le bienfait de l'instruction.

« Mais qu'il nous soit permis de vous exposer, Messieurs, que les sacrifices que va s'imposer la Commune pour l'objet dont s'agit, seront loin d'atteindre le but qu'on se propose, si la maison est placée au lieu qu'il vous a plu de désigner.

« *En effet, bâtie ainsi à l'extrémité de la Section, elle ne serait, vous le savez, convenable que pour 13 maisons sur un nombre de 78 environ.*

« *Ce serait donc mettre les 4/5 des enfants dans la nécessité de faire 2 et 3 kilomètres de chemin pour aller en classe, en faveur d'un très-petit nombre qui seul, serait à la porte de l'École. De là l'impossibilité pour nos enfants de fréquenter la classe la plus grande partie du temps.*

« La décision qne vous avez prise, nous le savons, a été adoptée dans un but d'éconmie ; rien de mieux, et nous ne pouvons que vous approuver ; mais cette économie que vous prétendez réaliser, est-elle bien certaine ? et en supposant qu'elle se réalise, sera-t-elle en rapport avec le bienfait que procurerait un établissemennt d'instruction placé avantageusement, et autant que possible à la portée de tous, nous ne pouvons y croire.

« D'ailleurs, Messieurs, vous savez tous que lorsqu'on construit du neuf sur du vieux, on ne peut rien établir de solide ni de durable. Souvent aussi ce que l'on croit bon ne vaut rien ; de là la défection et le surcroît de dépenses.

« C'est pourquoi nous venons tous vous supplier, au sujet du bien être et de l'intérêt de tous les enfants de la Section, de vouloir bien revenir sur votre première décision et ordonner que la maison d'école en question soit bâtie autant que possible au centre de la Section et à la portée du plus grand nombre.

« Elle ne sera pas plus dispendieuse, soyez-en bien convaicus, *car nous nous offrons tous pour aider et pour faire des corvées, soit dans le charroi des matériaux, soit dans d'autres articles, et l'œuvre ainsi terminée sera à la satisfaction de toute la population.* »

La construction, par voie d'économie, et d'après les plan et devis dressés par M. Fontaine, architecte à St.-Dié, en mai 1869, fut autorisée par le Préfet le 9 mars 1870. La dépense totale était évaluée à 10,700 francs (y compris 1,670 fr. pour le mobilier scolaire.) Elle se monta d'après le décompte — qui fut arrêté seulement en avril 1874 — à 10,648 francs, dont 3903 relatifs à de la main-d'œuvre et à des fournitures provenant de généreux souscripteurs.

Voici la liste des cotisations volontaires souscrites pour aider à la construction de l'École de Berchigranges. Il nous a paru juste et utile de sauver de l'oubli cet admirable élan vers le bien, cet acte d'excellente solidarité tout à l'honneur des habitants de cette Section :

1 - Didier Jean-Georges, 2 - Babel Jean Marc : chacun 30 mètres cubes de moellons et 10 pièces de bois.

3 - Levaudel J. B. (*des Huttes*), 4 - Babel Jean-Georges : chacun 20 pièces de bois.

5 - Arnould, la femme, 6 - Jean-pierre Louis : chacun 30 journées de maçon et 10 journées de manœuvre.

7 - Levaudel J. N. : 20 m. c. de moellons et 10 journées de manœuvre.

8 - Lejal J. D., 9 - Jolé J. N., 10 - Lebédel J. Félix : chacun 30 journées de maçon.

11 - Balland Louis-Pierre : 20 m. c. de moellons et 8 journées de manœuvre.

12 - Conraux N. : 20 m. c. de sable et 10 journées de manœuvre.

13 - Didier J. B., 14 - Colnel Romary : chacun 20 journées de taillage de pierres.

15 - Babel Marie - Barbe, 16 - Huguenin Georges, 17 - Georgel Félix veuve, 18 - *Levaudel J. B.* (*de Platicôte*) : chacun 10 pièces de bois.

19 - *Conraux J. D.*, 20 - *Lemarquis J. B.*, 21 - *Génin Dom.* : chacun 10 voitures de pierres de taille.

22 - *Lemarquis Jean-Romary*, 23 *Villaumé Jean-Georges* : chacun 20 m. c. de moellons.

24 - *Jacquat Marc-André* : 25 journées de maçon.

25 - *Thiriet Désiré*, 26 - *Lemarquis Nicolas* : chacun 20 journées de maçon.

27 - *Balland J. N.*, 28 - *Geury Louis* : chacun 10 m. c. de moellon et 10 journées de manœuvre.

29 - *Balland D.*, 30 - J., 31 - *Chevrier G.* : chacun 20 mètres c. de sable.

32 - *Lecomte J. G.* : 30 journées de manœuvre.

33 - *Pierrat* Joseph : 10 m. c. de moellons et 5 journées de man.

34 - *Drouot* J. Nicolas, 20 journées de manœuvre.

35 - *Pierrel Georges*, 36 - *Gustin G.*, 37 - *Pierrat* Georges : chacun 10 m.c. de moellons.

38 - *Thiriet* Victor, - 39 *Defranoux* Félix, 40 *Didier* J. N. veuve : chacun

12 m. c. de sable.

41 - DEMANGE J. N., 42 - DELON N., 43 - THIRIET Constant : chacun 10 journées de maçon.

44 - BASTIEN N. : 13 journées de manœuvre.

45 - CLOVIS Magdeleine, 46 - DROUOT Virginie : chacune 10 journées de manœuvre.

47 - COLNEL J. J. veuve : 5 m. c. de sable.

De plus, M. *SEITZ, Étienne*, Maire, et *M. THIÉRY, N*, Adjoint de la Commune, souscrivirent le premier pour 50 journées de maçon, 10 de manœuvre et 6 $^1/_2$ m. c. de sable, et le second pour 5 journées de maçon.

Le total de l'état ci-dessus, se montant (valeur estimée en argent) à 4700 fr., fut rendu exécutoire par le Préfet le 9 mars 1870.

Le mètre cube de moellons fut estimé 5 fr., le m. c. de sable 4 fr., la voiture de pierres de taille 10 fr., la pièce de bois 10 fr., la journée de maçon 4 fr., celle de tailleur de pierres 5 fr., celle de manœuvre 3 fr.

ÉCOLE MIXTE
de
GADÉMONT.

Le 23 septembre 1866, le Conseil municipal prenait la délibération suivante :

« La Section de Gadémont et des hauteurs de Granges est très populeuse et depuis longtemps la Commune désire qu'elle soit pourvue d'une maison d'École ; mais ses ressources ne lui ont jamais permis d'en faire construire une.

« Aujourd'hui la veuve Villaume, de Gadémont, céderait pour cet usage, sous le prix de 2500 fr. sa maison avec ses aisances et dépendances.

« Comme elle est parfaitement située et qu'elle convient pour une maison d'école, le Conseil considérant que meilleure occasion ne se présentera ; qu'il convient d'en profiter ;

« Vient prier M. le Préfet d'autoriser la commune de Granges à acquérir pour 2500 francs la maison dont il s'agit, qui serait payée aussitôt que possible, au moyen d'une vente de terrains communaux. »

Ces immeubles compris sous les n°s 1465 & 1466, section B du cadastre, lieu-dit *le Roulier*, furent achetés par la commune l'année suivante, pour le prix indiqué ; et, le 12 octobre 1871, le Conseil décidait en ces termes de faire les réparations nécessaires à la dite maison :

« Considérant que cette maison, par son exiguité, ne répond plus à sa destination, attendu qu'elle doit recevoir 50 élèves, et un jour 60 à 65 ;

« Qu'elle est indispensable puisqu'elle dessert une population de 468 habitants, disséminés dans les montagnes, sur une étendue de 25 kilomètres carrés, et éloignés de toute école de 5 à 10 kilomètres ;

« Qu'il est nécessaire de procéder à une restauration importante, pour utiliser cette propriété et en faire une maison convenable pour l'École et pour le logement d'un instituteur ;

« Que les plans et devis établis à cet effet par M. *Fontaine*, architecte à St.-Dié, répondent complètement aux désirs du Conseil, tant sous le rapport de la dépense que pour celui d'une bonne distribution des pièces ;

« Est d'avis, le dit Conseil, de les approuver et de les faire exécuter par voie d'économie ; d'employer à ces travaux 2370 fr. de fonds disponibles de la caisse municipale, et de solliciter un secours de 2500 fr., la dépense totale devant s'élever à la somme totale de 4870 francs. »

Cette délibération fut approuvée le 15 janvier 1875, et les travaux furent exécutés la même année, par voie de régie, sous la surveillance du Maire et de l'architecte rédacteur du projet, par M. Pierrat J. J. entrepreneur à Remiremont.

Le décompte, approuvé en mai 1874, se monta à 6419 fr., car il y eut pour 1549 fr. de dépenses supplémentaires.

L'État n'accorda pas de subvention. En 1875, il fut fait à la même maison pour 320 fr. de réparations urgentes.

En 1889, le logement du Maître fut augmenté de deux chambres neuves.

L'École de Gadémont étant enclavée dans la forêt communale, afin «de la dégager des sapins qui empêchaient l'air et le jour d'y pénétrer, » il fut procédé en 1872, à un abatage qui donna près de 70 m. c. de bois d'industrie. En 1897, il fut dans le même but, abattu une vingtaine de gros sapins.

En 1884, il fut pratiqué au-dessus et sur le côté sud de la maison, — qui est adossée à la montagne ce qui la rend humide, — de forts drainages. On assainit en même temps la salle de classe en voûtant le sous-sol sur lequel repose le plancher.

École Mixte des Évelines.

Coquettement assise à droite de la route qui monte à Gérardmer, dans le charmant et industrieux hameau des *Évelines*, l'École de cette Section est convenablement et agréablement installée sous tous les rapports.

Elle domine un peu la rivière serpentant dans la prairie à quelque deux cents mètres en face.

C'est de ce point que commence à se resserrer la pittoresque et renommée *Vallée de la Vologne*.

Aussi ce poste scolaire est-il envié par maintes titulaires débutantes. Nous disons *débutantes,* car on sait — ou l'on ne sait pas : nul n'est censé... connaître la loi, — que le vœu du législateur est que toutes les écoles mixtes soient tenues par des institutrices.

Sur l'initiative d'un groupe de chefs de famille, dont les enfants devaient faire de 5 à 8 kilomètres pour aller aux Écoles de Granges (centre,) ou à celles de *Barbey-Seroux* et de *Gérardmer*, (1) une Classe fut installée sommairement et tenue, pour la première fois, en 1843, chez M. *Remy J. N. F.* aux *Évelines*

Le Maître, M. *Abel*, *recevait pour tout traitement*, trois francs *par élève pour toute la durée du Cours : 5 à 6 mois*.

L'année suivante, et jusqu'en 1848, la classe se tint, par M. *Didier*, chez M. *Lecomte*, à *Petempré*, à un bon kilomètre plus haut.

Elle fut tenue aux *Eaux-Naux* (à égale distance, à peu près, des *Évelines* et de *Petempré*,) chez M. *Lemarquis J. B.* ,en 1849, par M. *Chanel*, et de 1850 à 1856 par M. *Treff*.

Depuis, cette Classe a été installée définitivement, mais chez différends propriétaires, dans le hameau des ÉVELINES. Le dernier instituteur non breveté fut Voirin Constant.

---

(1) On conçoit que dans ces conditions, pour ces écarts, la fréquentation scolaire, — qui n'avait lieu du reste que depuis la Toussaint jusqu'à Pâques, précisément en mauvaise saison, — était très irrégulière sinon nulle pour beaucoup d'enfants.

En 1884, la commune de Granges fit l'acquisition, sur Georges Didier, pour la somme de 2100 fr. de la propriété, d'une contenance de 12 ares 33 c., (1) sur laquelle s'élève l'École actuelle des *Évelines*, lieu-dit « les Champs-Claude, » au centre même du hameau.

La même année le Conseil municipal présentait, à l'approbation de l'Administration Supre des plans et devis dressés par M. Genay, d'Épinal, pour la construction de l'École, et dont la dépense était évaluée à 21,500 fr. Il avait introduit en même temps une demande de subvention.

L'année suivante et en 1886, — séances du 19 novembre 1885 et du 13 février 1886 — la même Assemblée, malgré les pressants rappels de l'autorité Académique et de la Préfecture, demandait l'ajournement de cette bâtisse. Elle donnait comme motifs « que la commune avait deux « autres projets de constructions plus « urgentes : établissement du nou- « veau Cimetière et transformation de « la maison communale Bontemps « en École de filles, » et se bornait à effectuer quelques réparations et améliorations au local *bas, exigu et mal aéré,* où se tenait provisoirement la classe, dans la vieille maison achetée en 1884, « en attendant le « temps nécessaire, (2 ou 3 ans,) « pour que la Commune puisse se « créer de nouvelles ressources. »

Dans sa séance du 16 octobre 1887, le Conseil municipal, répondant à un *rappel* de la Sous-Préfecture, dit « qu'il est en pourparlers avec un « architecte pour arriver à un devis « ne dépassant pas 12,000 fr., le pre- « mier se montant à plus de 21,000fr. « chiffre trop élevé. »

Enfin, un nouveau projet pour la construction de l'*École des Évelines*, dressé en novembre 1890, par M. Didelot, de St.-Dié, et se montant à 13,665 fr., y compris 560 pour le mobilier scolaire et 591 fr. d'honoraires à l'architecte, fut adopté par le Conseil qui vota pour sa réalisation :

1° Une somme de 1165 fr. formant le surplus du chiffre réglementaire de 12,500 fr. fixé pour les écoles de hameaux ;

2° Un emprunt à la *Caisse nationale des retraites pour la Vieillesse*, de 1250 fr. (acte des 21-23 septembre 1891,) amortissable en *trente annuités* de 727 f. 93 c.

Par décision du 17 juillet de la même année, le Ministre de l'Instruc-

(1) En 1891, la Commune acquit, sur D. Walter-Seitz, un terrain de 75 m. c. qui était enclavé dans la propriété. En 1901, les dépendances de l'École s'augmentèrent encore d'une surface de 5 ares (nature de sol de maison démolie et de verger,) cédée par Constant Jacquot.

tion publique avait fixé à 2750 francs la subvention de l'État pour la dite construction, et payable par une annuité de 160 f. 10 c., à servir durant le même laps de temps, à compter de l'exercice de 1892.

Les travaux furent confiés à M. CLAUDEL Adolphe, de Corcieux, moyennant un rabais de 5,65 p. 0/0, et furent exécutés en 1892 - 93.

M. *Genay* reçut pour prix de la confection de son projet, qui ne fut pas exécuté, 1 2/3 p. 0/0 du montant du devis, soit 338 fr.

En 1892, la Commune acquit, pour 270 fr., sur les époux JACQUOT-REMY, une fontaine pour renforcer celle de l'École, qui « était indivise entre plu-
« sieurs particuliers et d'un débit
« trop minime, surtout en été, où elle
« tarit souvent. »

L'analyse officielle qui fut faite de cette nouvelle fontaine dit qu'elle donne «*une eau parfaitement limpide,*
« *sans couleur ni odeur; qu'il n'y a*
« *aucune cause quelconque d'insalu-*
« *brité à la source ni aux environs.*»

AFFAIRES & DOCUMENTS

divers relatifs aux ÉCOLES.

— Dans sa séance du 10 mai 1838, le Conseil municipal « vu la circulaire de M. le Préfet en date du 5 du courant, qui met à la disposition des communes qui ont fait des sacrifices pour l'amélioration de l'instruction primaire, une somme de 5000 francs *destinée à l'instruction des filles*, trouvant que la commune de Granges est dans cette catégorie, attendu qu'elle a fait construire une nouvelle maison d'École, *à l'effet de séparer les deux sexes*; qu'elle n'a actuellement aucun argent disponible en caisse pour couvrir les frais de l'ameublement de cette nouvelle École, demande à cet effet un secours de 400 francs. »

(Il n'existe aux Archives aucune trace de la suite qui fut donnée à cette requête.)

— Séance *du 10 mai 1845* :

« Le Conseil municipal refuse le traitement (200 fr.) de l'Instituteur, prétextant qu'il n'est pas de son goût, attendu qu'il n'a pas de Brevet supérieur et qu'il en exige un formellement. »

— Le 23 novembre 1876, il a été passé entre la Commune de Granges, par son Maire, M. G. Thiriet et la Sup[re] Générale de la Congrégation de la Providence, dont la maison-mère était à Portieux, le traité suivant :

« 1° L'Administration de l'Institut de la Providence s'engage à entretenir dans la commune de Granges, Trois Sœurs pour diriger l'École de filles et l'Asile de la localité et à faire les changements opportuns, *tout en se réservant exclusivement le droit d'en constater l'utilité.* »

« 2° La Commune fournit et entretient à ses frais ; 1° Une maison saine et convenable tant pour la tenue de l'École que pour le logement des Sœurs ; 2° Le mobilier requis pour la classe et celui nécessaire au ménage des Sœurs. »

« 3° La Commune fait aux Sœurs un traitement de seize cents francs, (pour les trois) et prend à son profit la rétribution scolaire, (1) prend à sa charge : 1° la dépense totale de chauffage pour les Sœurs comme pour l'École ; 2° les contributions qui pourraient être imposées aux Sœurs. *(Suit l'état détaillé des objets mobiliers,* — 55 sortes différentes, *dont plusieurs par 2, 3, 4, 6 et 12 pièces, — devant composer l'ameublement d'une Sœur.)*

— A propos d'institutrices congréganistes, la majorité du Conseil municipal, dans sa séance du 28 août 1887, sur la proposition de plusieurs de ses membres, exprima le désir de voir nommer, pour la tenue de la nouvelle École maternelle, deux Sœurs de la Providence. Cette demande était ainsi motivée : « *L'École actuelle de filles étant dirigée par trois congréganistes, il serait à craindre que l'adjonction, dans le même établissement, de deux institutrices laïques, n'amenât des difficultés.* »

L'administration préfectorale ne put que répondre qu'en présence des termes formels de la loi du 30 octobre 1886, il était impossible d'accéder à cette demande.

EXTRAIT d'un Bail pour la tenue de l'ÉCOLE des Évelines, en date du 21 oct. 1877 : . . . « Le Sr Remy donne à titre de bail à loyer à la Commune de Granges la maison qu'il occupe aux Évelines, composée d'une cuisine, d'un poêle, de deux

(1) Avant la loi de 1882, la rétribution scolaire était de 7 fr. 70 c. par an pour les élèves abonnés ; de 1 fr. 50 c. par mois pour les non abonnés et de 0, 70 c. par mois pour les élèves âgés de plus de 12 ans.

chambres en haut, d'une cave, de greniers et d'une écurie ; avec ses aisances et dépendances : jardin, fontaine et rabaissée. »

« Il s'en réserve seulement une chambre à gauche en entrant, un coin de jardin verger et non potager, un droit à la cave, au grenier, à l'écurie, à la fontaine, et pour ses besoins et non pour d'autres. (Au cas où pour une cause quelconque, le bailleur viendrait à quitter la pièce qu'il s'est réservée, cette dernière clause serait annulée moyennant un surplus de loyer de 30 fr. par an.)

« Il loue en même temps un terrain de 5 ares au *Passage*. »

« Le dit Sr Remy fera les réparations locatives et celles voulues pour mettre, dans la huitaine, en bon état les locaux loués. »

« Ce bail est fait pour 6 année entières, moyennant un canon annuel de cent francs. Le bailleur paiera les contributions de ce qui est loué. . . »

La Caisse des Écoles, qui est obligatoire dans chaque commune, d'après la loi du 28 mars 1882, fut créée à Granges le 17 septembre de la même année, par délibération du Conseil municipal, qui en arrêtait en même temps les Statuts, en 14 articles. Elle reçut l'approbation préfectorale le 26 octobre suivant. Cette institution a pour but de faciliter la fréquentation des Classes.

La loi du 27 juillet 1880 ayant rendu obligatoire l'enseignement de la Gymnastique dans les Écoles primaires, durant les quinze années qui suivirent cette décision, l'État accorda maintes subventions et concessions d'appareils et agrès pour organiser cet enseignement dans toutes les Écoles de la Commune. Le Conseil municipal fit aussi des sacrifices pour le même objet : vote de 300 fr. en 1883 pour construction d'un gymnase à l'école de garçons ; en août 1884, vote de 70 fr. pour acquisition et installation d'appareils pour l'école mixte de Berchigranges.

La même période vit aussi la création (Décret du 6 juillet 1882) des

BATAILLONS SCOLAIRES,

ayant pour but de *préparer l'instruction militaire des enfants.* La Commune fit à ce sujet l'aquisition, pour 180 francs, de 20 fusils scolaires.

Les élèves de l'École des garçons, dès qu'ils atteindraient l'âge de 12 ans, devaient être réunis à ceux de Gérardmer pour former un *Bataillon*.

Mais cette institution, pour diverses causes, resta lettre morte.

L'enseignement de la gymnastique à l'École a subi aussi un ralentissement, ou du moins il a pris une allure moins professionnelle, plus pratique, plus rationnelle.

Les *BIBLIOTHÈQUES POPULAIRES*, annexées à chaque école, se sont développées depuis une vingtaine d'années, grâce à de nombreux dons de l'État, et à plusieurs subventions communales assez importantes.

Grâce à une souscription faite par les soins de M. Thomassin, l'Instituteur de l'époque, l'École de Gadémont possède, une lanterne à projection, qui est très utile pour les cours d'adultes du soir.

(A suivre)

— *Août 1910* —

Impr. spéciale du « PAYS VOSGIEN »
(C. Petitjean à Granges.)

www.ingramcontent.com/pod-product-compliance
Ingram Content Group UK Ltd.
Pitfield, Milton Keynes, MK11 3LW, UK
UKHW022156190726
13855UKWH00004B/1508